PC-Führerschein

für Kinder
Klasse 1/2

Margret Datz & Rainer Walter Schwabe

Liebe Kinder,

ich bin Moni, die Computer-Biene. Ich begleite euch bei der Arbeit am PC. Wenn ihr genauso bienenfleißig seid wie ich, dann winkt euch am Ende der PC-Führerschein.

Lest euch die Anweisungen sorgfältig durch und befolgt sie genau. Lasst euch auch dann nicht verwirren, wenn es auf eurem Bildschirm einmal ein wenig anders aussehen sollte als bei mir. Das liegt dann daran, dass euer Computer anders eingestellt ist als meiner.

Ich wünsche euch viel Spaß und viel Erfolg!

Moni

Liebe Lehrerinnen und Lehrer,

die im Heft erwähnten Downloads finden Sie unter **www.pc-fuehrerschein-fuer-kinder.de**.

Inhaltsverzeichnis

Kapitel 1:	Das gehört zum Computer	3 – 14
Kapitel 2:	Mit dem Computer malen	15 – 24
Kapitel 3:	Mit dem Computer schreiben (1) – *Großbuchstaben, Kleinbuchstaben, Entertaste, löschen, entfernen*	25 – 32
Kapitel 4:	Mit dem Computer spielen (1) – *Puzzle, Memo-Spiel*	33 – 38
Kapitel 5:	Einen Ordner anlegen	39 – 42
Kapitel 6:	Mit dem Computer schreiben (2) – *Schriftart, Schriftgröße, Datei speichern, Datei öffnen*	43 – 50
Kapitel 7:	Mit dem Computer Bilder einfügen	51 – 56
Kapitel 8:	Mit dem Computer spielen (2) – *Zuordnungsspiel, Quiz*	57 – 60
Kapitel 9:	Fachbegriffe	61 – 64

Kapitel 1

Das gehört zum Computer

Das gehört zum Computer

➡ Male alle Felder aus, in denen ein **C** steht. Was siehst du?

Was heißt eigentlich Computer?

Das Wort **Computer** kommt aus dem Englischen: compute = rechnen

Und was heißt PC?

PC ist die Abkürzung für **Personal Computer** = persönlicher Computer

➡ Male bunt an, was zum Computer gehört. Streiche durch, was nicht zum Computer gehört. Die Computer-Biene Moni passt auf!

Die Tastatur

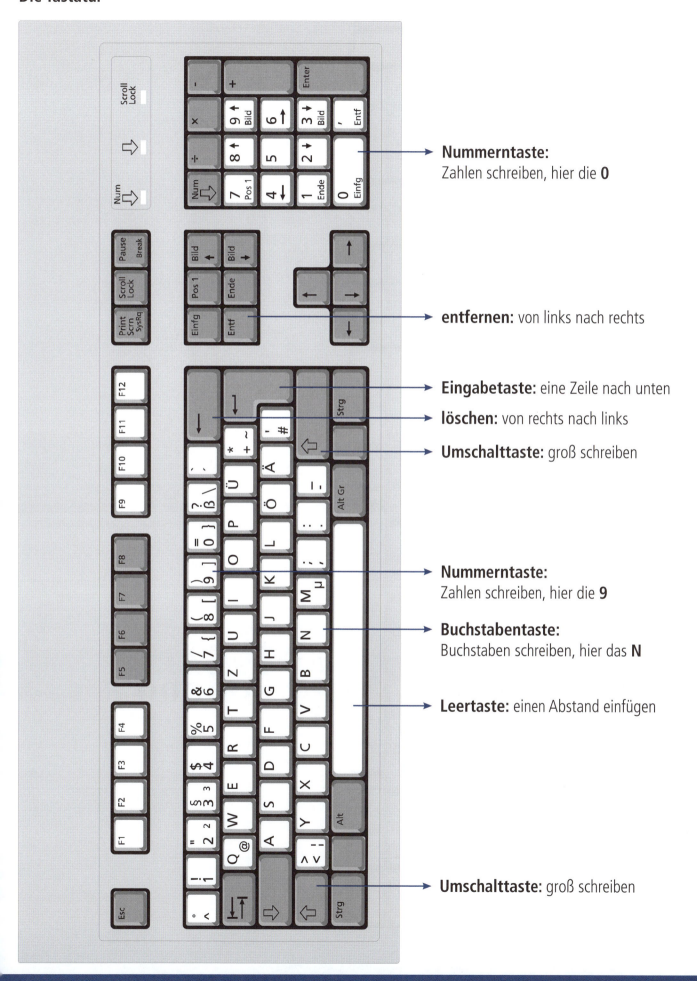

Probiere die Tasten an deinem Computer aus.
Male alle Tasten grün an, mit denen du Buchstaben schreiben kannst.
Male alle Tasten gelb an, mit denen du Zahlen schreiben kannst.
Male alle Tasten rot an, mit denen du groß schreiben kannst.
Male alle Tasten blau an, mit denen du Buchstaben entfernen kannst.

Die Maus

So kann deine Maus aussehen:

➲ Betrachte **deine** Maus genau und kreuze an, was für sie zutrifft:

☐ Meine Maus hat vorne zwei Tasten.
☐ Meine Maus hat ein Kabel.
☐ Meine Maus hat kein Kabel.
☐ Meine Maus hat vorne ein Rädchen.
☐ Meine Maus hat kein Rädchen.
☐ Meine Maus hat unten eine Kugel.
☐ Meine Maus leuchtet unten.

➲ Male deine Maus in das Kästchen rechts.

➲ Lege nun deine Hand wie auf dem Bild auf deine Maus und probiere die Tasten aus:

 **Linker Mausklick:** Links drückst du immer mit dem Zeigefinger. Klicke mit der linken Maustaste einmal.

 **Doppelklick:** Drücke die linke Maustaste zweimal sehr schnell hintereinander.

 **Rechter Mausklick:** Drücke die rechte Maustaste, diesmal mit dem Mittelfinger.

 **Maus ziehen:** Halte die linke Maustaste gedrückt und bewege die Maus.

 **Scroll-Rädchen:** Durch Drehen des Rädchens (falls vorhanden) kannst du etwas auf dem Bildschirm nach oben oder unten bewegen.

Den Computer einschalten und ausschalten

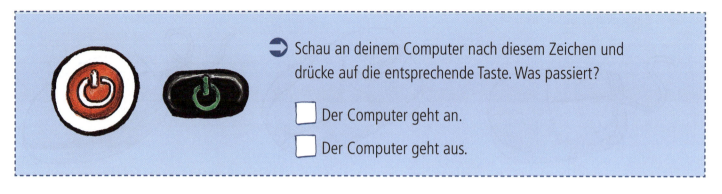

➲ Schau an deinem Computer nach diesem Zeichen und drücke auf die entsprechende Taste. Was passiert?

☐ Der Computer geht an.

☐ Der Computer geht aus.

➲ Klicke nun wie auf den Bildern:

1. Klicke auf **Start**.

2. Klicke anschließend auf **Herunterfahren**.

Oder:

1. Klicke auf **Start**.

2. Klicke anschließend auf **Herunterfahren**

3. … und dann nochmals auf **Ausschalten**.

➲ Was passiert nun?

☐ Der Computer geht an.

☐ Der Computer geht aus.

Der Desktop

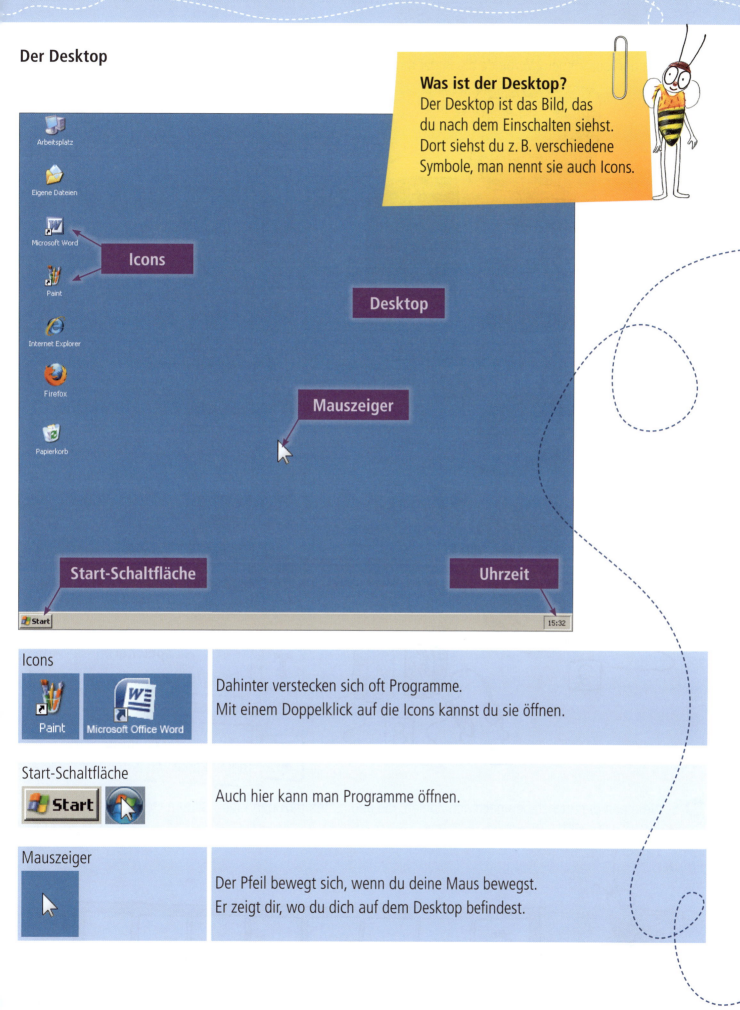

Was ist der Desktop?
Der Desktop ist das Bild, das du nach dem Einschalten siehst. Dort siehst du z. B. verschiedene Symbole, man nennt sie auch Icons.

Icons		Dahinter verstecken sich oft Programme. Mit einem Doppelklick auf die Icons kannst du sie öffnen.
Start-Schaltfläche		Auch hier kann man Programme öffnen.
Mauszeiger		Der Pfeil bewegt sich, wenn du deine Maus bewegst. Er zeigt dir, wo du dich auf dem Desktop befindest.

➡ Was gehört zusammen? Verbinde die Bilder mit den passenden Erklärungen.

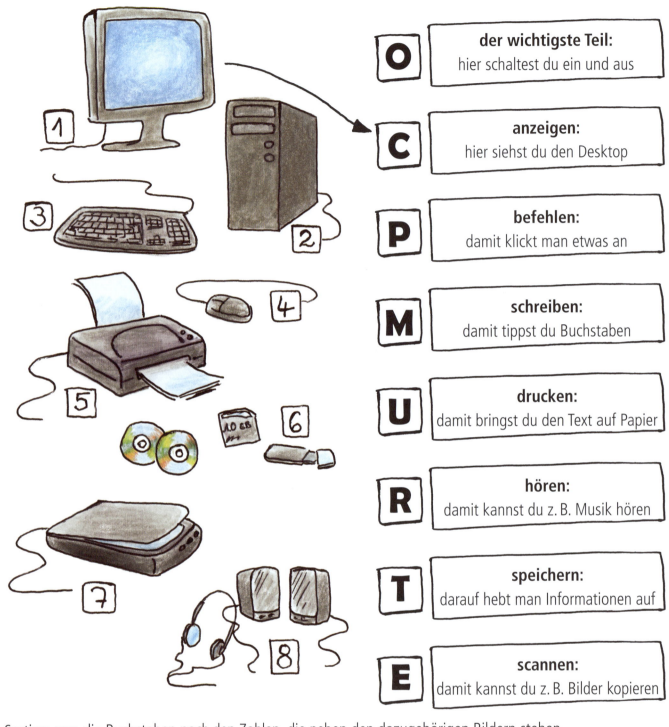

O der wichtigste Teil: hier schaltest du ein und aus

C anzeigen: hier siehst du den Desktop

P befehlen: damit klickt man etwas an

M schreiben: damit tippst du Buchstaben

U drucken: damit bringst du den Text auf Papier

R hören: damit kannst du z. B. Musik hören

T speichern: darauf hebt man Informationen auf

E scannen: damit kannst du z. B. Bilder kopieren

➡ Sortiere nun die Buchstaben nach den Zahlen, die neben den dazugehörigen Bildern stehen. Wenn du alles richtig gemacht hast, ergeben sie dieses Lösungswort.

12

Rätsel

➡ Auf welchem Bildschirm ist der Desktop abgebildet?
Male diesen Bildschirm bunt an.

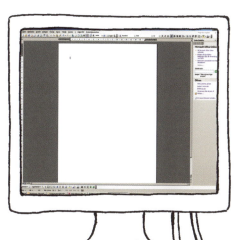

Das hast du gelernt:

- Geräte, die zum Computer gehören, erkennen.
- die Maus benutzen
- die Tastatur benutzen
- den Computer ein- und ausschalten
- den Desktop kennenlernen

➡ Male hier deinen eigenen Computer:

Kapitel 2

Mit dem Computer malen

Mit dem Computer malen

Mit dem Computer kannst du auch ___ ___ ___ ___ ___ .
Das Programm dazu heißt **Paint**.

a e n l m

1. Starte das Programm **Paint** mit einem Doppelklick auf das richtige Icon.

2. Das Programm öffnet sich.

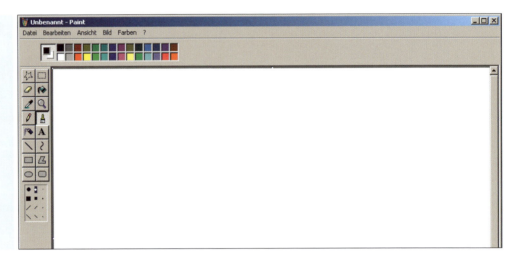

Schau genau!
➡ Wohin gehört die Leiste mit den Symbolen, wohin die Leiste mit den Farben?
➡ Zeichne Pfeile bis zur richtigen Stelle.

16

Mit Paint malen

1. Klicke auf das Symbol **Pinsel**

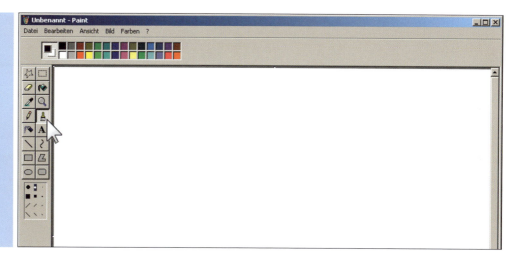

2. … und bewege die Maus über das weiße Feld. Halte dabei die linke Maustaste gedrückt.

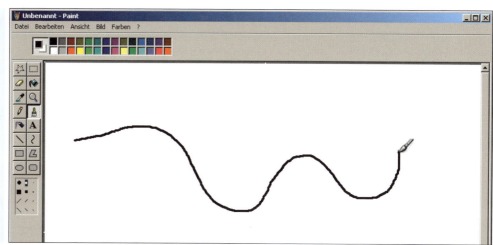

3. Probiere nun das Symbol **Stift** aus und male damit in das weiße Feld.

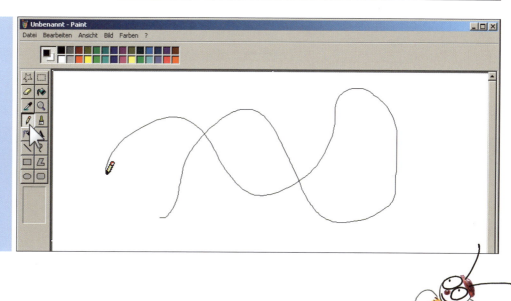

Mit verschiedenen Farben malen

1. Klicke auf das blaue Kästchen.

2. Klicke wieder auf den **Pinsel** .

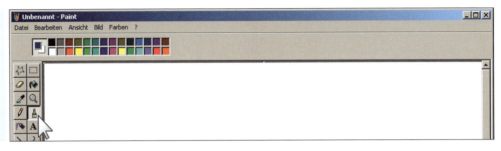

3. Klicke auf eine Größe und male einen blauen Strich.

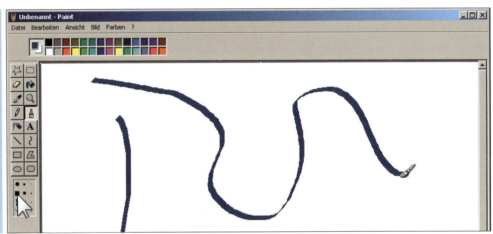

Figuren malen

1. Klicke jetzt auf das Symbol mit dem **Kreis**

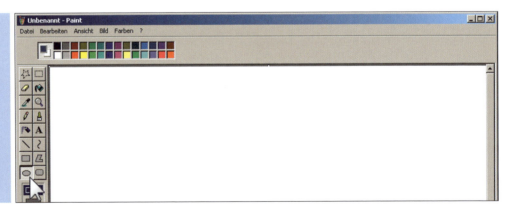

2. … und male bunte Kreise.

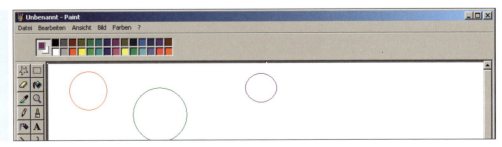

➲ Versuche, auch ein blaues Dreieck und ein braunes Viereck zu malen.

Figuren mit Farbe ausfüllen

1. Klicke auf den **Eimer** .

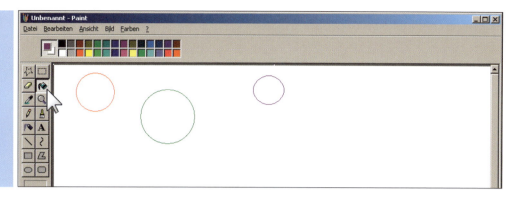

2. Klicke auf eine **Farbe**.

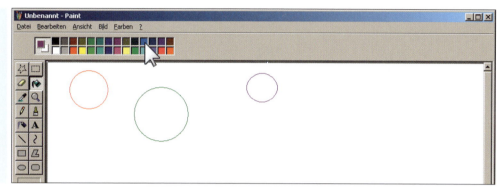

3. Klicke z. B. in einen Kreis.

   Er füllt sich mit der Farbe, die du dir ausgesucht hast.

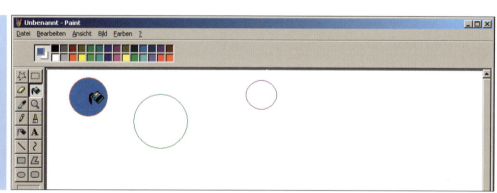

Radieren

➲ Was passiert, wenn du diese Schaltfläche benutzt?

1. Probiere aus und kreuze an:

   ☐ Damit radiert man.
   ☐ Damit malt man.

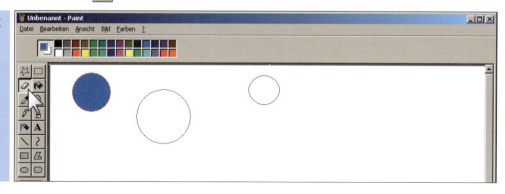

➲ Radiere alles aus
➲ … und male nun ein braunes Haus mit einem roten Dach und einen grünen Baum.
➲ Male ein eigenes Bild.

Dein Bild ausdrucken

1. Klicke oben links auf **Datei**

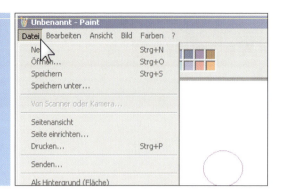

2. … und dann auf **Drucken**.

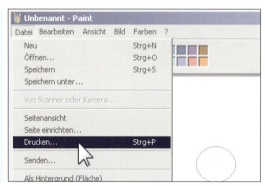

3. Wähle den **Drucker** aus, den deine Lehrerin/ dein Lehrer dir angibt.

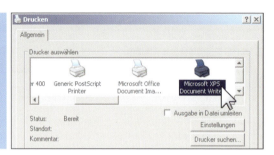

4. Klicke auf **Drucken**.

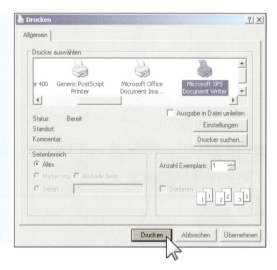

➔ Wie heißt das Wort? Schreibe die Anfangsbuchstaben der Bilder auf die Linien.

___ ___ ___ ___ ___ ___ ___

➲ Womit wurde unten gemalt? Schreibe die Zahlen in die Kreise.

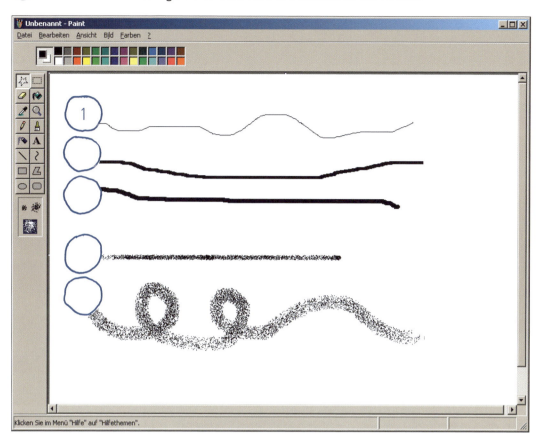

➲ Und womit wurde hier gemalt?

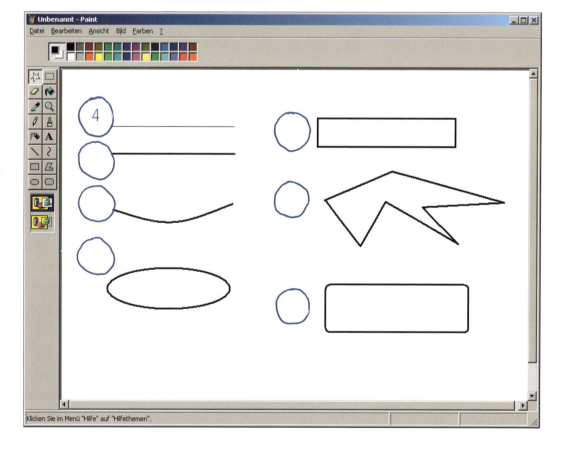

➡ Findest du die acht Fehler im unteren Bild?

Das Programm Paint beenden

1. Klicke oben links auf **Datei**, dann auf **Beenden**

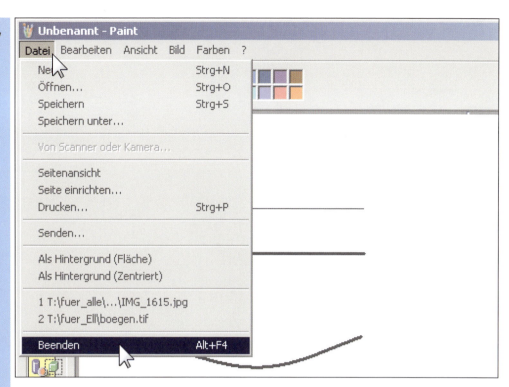

… oder einfach auf das ⊠ oben rechts.

2. Klicke anschließend auf **Nein**.

➡ Wie heißt das Wort? Schreibe die Anfangsbuchstaben der Tiere auf die Linien.

___ ___ ___ ___ ___

➲ Klebe hier das Bild ein, das du mit Paint gemalt und ausgedruckt hast.

Das hast du gelernt:

- das Malprogramm Paint öffnen
- mit Pinsel und Bleistift malen
- Kreise malen
- farbig malen
- Figuren mit Farbe ausfüllen
- den Radierer benutzen
- dein Bild ausdrucken
- das Programm beenden

Kapitel 3

Mit dem Computer schreiben (1)

Mit dem Computer schreiben (1)

Das alles kannst du mit dem Computer schreiben:

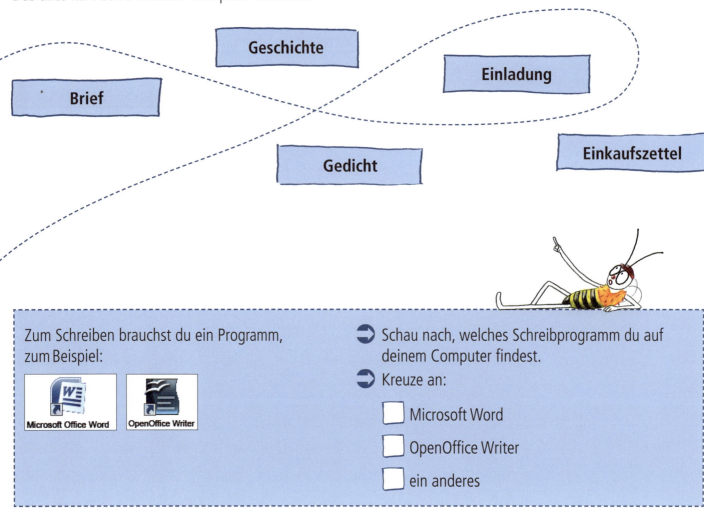

Zum Schreiben brauchst du ein Programm, zum Beispiel:

➡ Schau nach, welches Schreibprogramm du auf deinem Computer findest.

➡ Kreuze an:

☐ Microsoft Word

☐ OpenOffice Writer

☐ ein anderes

➡ Womit gibst du die Buchstaben ein? Male bunt an.

Dein Schreibprogramm kennenlernen

1. Mit einem Doppelklick öffnest du dein Schreibprogramm.

 oder

Microsoft Word

Die weiße Fläche ist dein „Schreibblatt".

Siehst du den schwarzen Strich? Das ist der **Mauszeiger (Cursor)**.

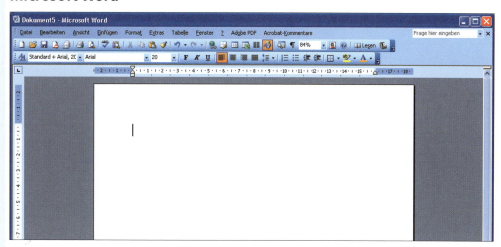

OpenOffice Writer

➡ Beobachte ihn genau und kreuze an:
- ☐ Er bewegt sich nach links.
- ☐ Er bleibt an der selben Stelle.
- ☐ Er blinkt.

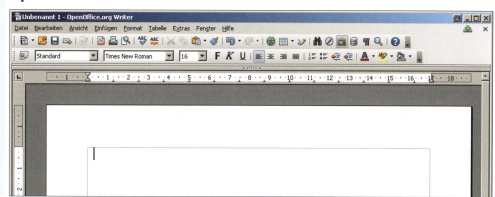

➡ Schreibe nun einige Buchstaben und beobachte den Cursor. Was macht er?
- ☐ Er geht mit.
- ☐ Er bleibt stehen.

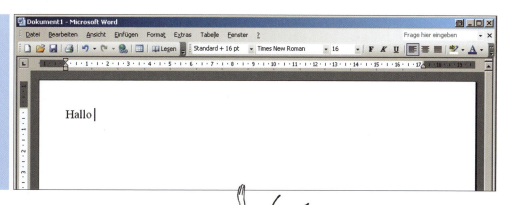

➲ Schreibe jeden Buchstaben zweimal, einmal groß und einmal klein.

➲ Für große Buchstaben musst du gleichzeitig die Umschalttaste drücken (Taste mit dem Pfeil nach oben).

➲ Drücke nach jedem Buchstabenpaar die Leertaste.

➲ Drücke am Ende der Zeile die Eingabetaste.

Was passiert?

☐ Nichts.

☐ Der Cursor springt in die nächste Zeile.

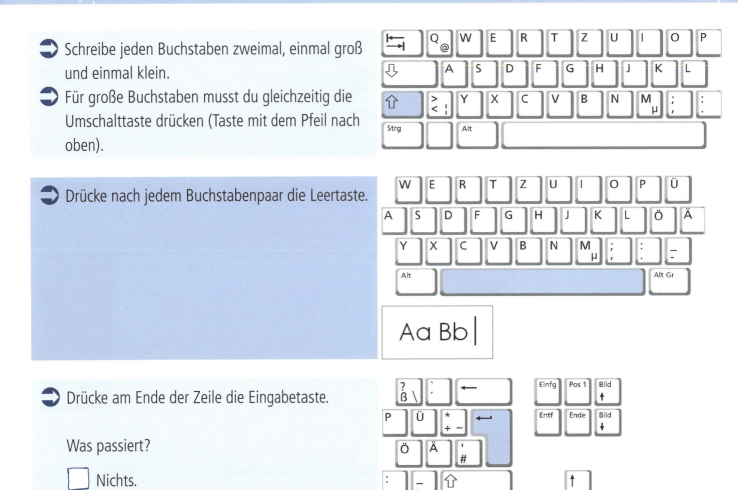

➲ Schreibe das Gedicht unten mit der Tastatur ab.
➲ Drücke nach jedem Wort einmal die Leertaste und am Ende der Zeile die Eingabetaste. Achte auf große und kleine Buchstaben!

Vito heißt mein Hund.
Er ist kerngesund.
Er springt und tollt
mit dem Ball, der rollt.

➡ Probiere folgende Tasten aus und notiere jeweils dein Ergebnis im Kästchen.

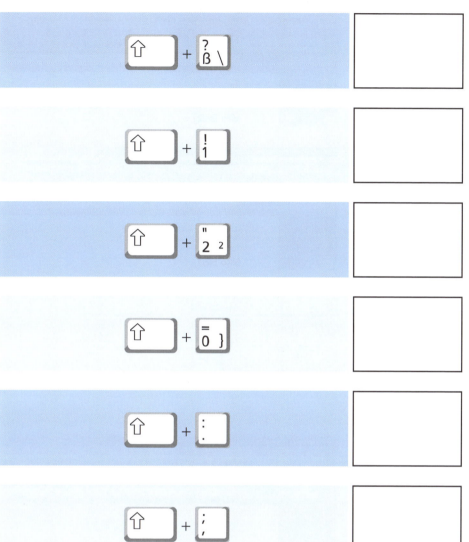

➡ Schreibe den Text in der Sprechblase mit der Tastatur ab.
➡ Drücke nach jedem Wort die Leertaste und achte auf große und kleine Buchstaben!

Fehler korrigieren

Du hast etwas falsch geschrieben?
Kein Problem!

1. Klicke hinter (rechts neben) den falschen Buchstaben.

2. Drücke die Löschtaste und schreibe jetzt den richtigen Buchstaben.

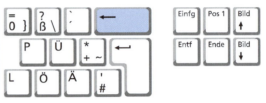

oder:

1. Klicke vor (links neben) den falschen Buchstaben.

2. Drücke die Entfernen-Taste und schreibe dann den richtigen Buchstaben.

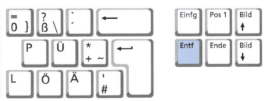

➲ Probiere beides am Computer aus.

1. Willst du das Progamm beenden?
   Dann klicke auf das ☒ oben rechts.

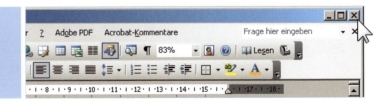

2. Klicke anschließend auf **Nein**.

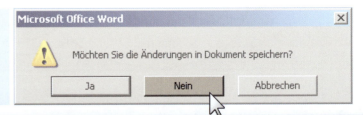

➡ Es gibt viele verschiedene Schriften. Lies die Wörter unten aufmerksam.
Umkreise jeweils das Wort „schreiben" rot und „lesen" blau.

schreiben lesen *schreiben* **lesen** schreiben *schreiben* *lesen* lesen

lesen *schreiben* schreiben *lesen* lesen schreiben **lesen** schreiben LESEN *lesen*

➡ Das alles kannst du mit dem Computer schreiben.
Suche die Wörter, markiere sie und schreibe sie auf die Linien.

Y	C	P	O	E	N	Ä	O	C	Ä	N	S	A	C
V	R	L	W	X	K	K	I	I	V	Ö	U	J	Y
Ö	E	I	N	L	A	D	U	N	G	J	S	D	Ö
X	V	G	E	S	C	H	I	C	H	T	E	V	D
E	I	N	K	A	U	F	S	Z	E	T	T	E	L
G	E	D	I	C	H	T	D	B	R	I	E	F	E
K	C	L	N	L	Ä	Ö	P	K	G	G	X	P	P

_____
_____
_____
_____
_____

➡ Füge die Silben zu Wörtern zusammen. Die Bilder helfen dir dabei.

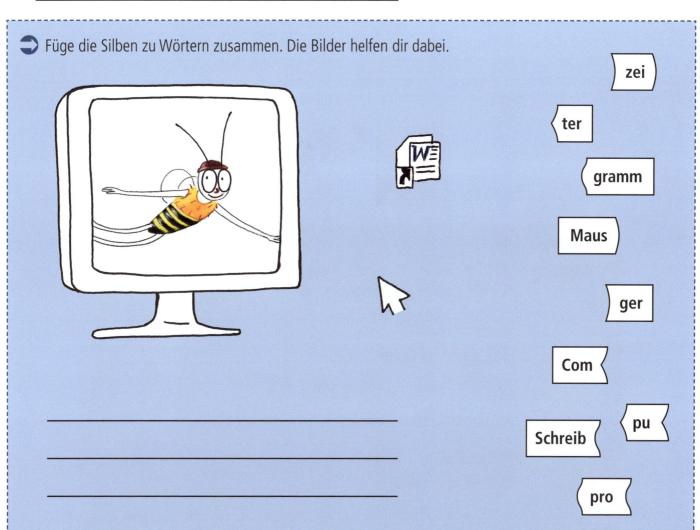

zei · ter · gramm · Maus · ger · Com · pu · Schreib · pro

_____
_____
_____

Das hast du gelernt:

- 😊 erfahren, dass es verschiedene Schreibprogramme gibt
- 😊 dein Schreibprogramm aufrufen
- 😊 Buchstaben und Wörter schreiben
- 😊 große und kleine Buchstaben schreiben
- 😊 die „oberen Zeichen" wie z.B. **?**, **!**, **=**, ***** benutzen
- 😊 Fehler korrigieren
- 😊 das Programm beenden

Kapitel 4

Mit dem Computer spielen (1)

Mit dem Computer spielen (1)

➲ Überlegt gemeinsam, welche Computerspiele ihr kennt.

Puzzle Vito

➲ Hier lernst du, wie du am Computer ein Puzzle legen kannst.
Das **Puzzle Vito** kopiert dir deine Lehrerin/dein Lehrer auf den Desktop.

1. Klicke doppelt auf das Puzzle-Symbol mit dem Namen **Vito**.

Das Puzzle baut sich auf.

Die Puzzle-Teile sind nun über den Bildschirm verteilt. Links siehst du das Bild, nach dem du dich richten kannst.

2. Klicke mit der linken Maustaste auf ein Puzzle-Teil.

3. Halte die Taste gedrückt und bewege die Maus.

4. Wenn du das Puzzle-Teil absetzen willst, musst du die Maustaste einfach wieder loslassen.

➲ Übe ein paarmal, die Puzzle-Teile mit gedrückter Maustaste hochzuheben und abzusetzen, bevor du weiterspielst.

Wenn ein Puzzle-Teil zum anderen passt, klickt es leise und es erscheinen zwei kleine graue Puzzle-Teilchen .

Tipp: Beginne mit den Teilen, die gerade Seiten haben.

5. Füge nun einen Puzzle-Teil nach dem anderen zusammen.

6. Wenn du fertig bist, öffnet sich ein Fenster mit **Congratulations**. Das bedeutet Glückwunsch.

Klicke dort auf **OK**.

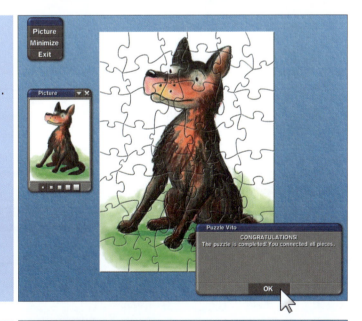

7. Wenn du das Spiel beenden willst, klicke links oben auf **Exit**. Das ist englisch und bedeutet Ausgang.

➲ Du kannst auch mit einem Partner um die Wette spielen. Wer ist schneller? Stoppt dazu die Zeit.

Memo-Spiel

➲ Sicher kennt ihr Memo-Spiele aus Karton. Überlegt noch einmal gemeinsam die Spielregeln.
➲ Hier lernst du, wie du ein Memo-Spiel am Computer spielen kannst.

1. Klicke doppelt auf das Symbol mit dem Namen **Memo Hunde**.

Das Memo-Spiel öffnet sich. Wenn du nun mit der Maus über die Kärtchen fährst, wird der Cursor zur Hand.

2. Klicke auf ein Kärtchen.

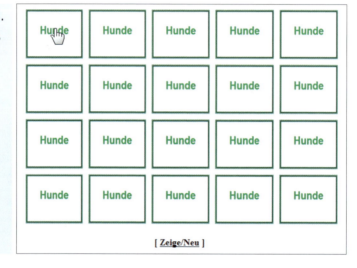

Das Bild dahinter wird sichtbar.

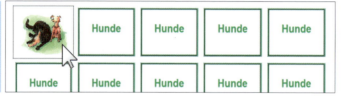

3. Klicke auf ein zweites Kärtchen.

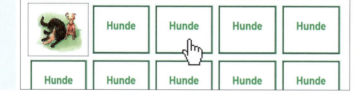

Das nächste Bild wird sichtbar.

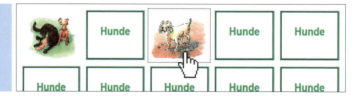

Passen die Bilder nicht zusammen, drehen sie sich wieder um.

4. Versuche es weiter.

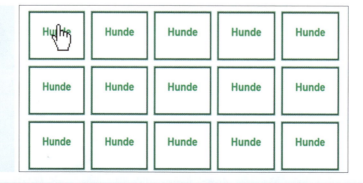

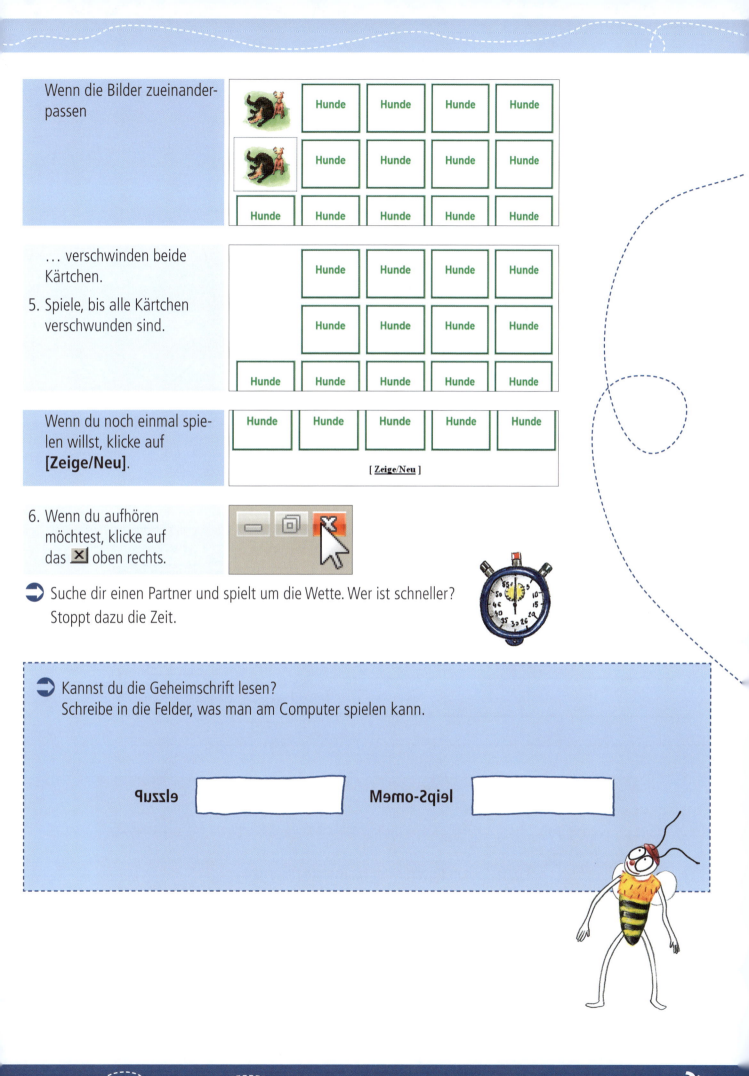

⮕ Welche beiden Kärtchen gehören zusammen?
Schau genau hin und verbinde!

⮕ Welche Puzzle-Teile gehören zusammen?
Verbinde und schreibe die Wörter auf die Linien.

klick   Puzzle   spiel

konsole   Teil

Maus

Memo   Spiel

_____

_____

_____

_____

Das hast du gelernt:

- dein Puzzle aufrufen
- Puzzle-Teile mit gedrückter Maustaste bewegen
- das Puzzle beenden
- dein Memo-Spiel aufrufen
- das Memo-Spiel spielen
- das Memo-Spiel beenden

38

Kapitel 5

Einen Ordner anlegen

Einen Ordner anlegen

 Am besten legst du dir einen Ordner an, in dem du alles aufheben (speichern) kannst, was du am Computer machst.

1. Klicke auf dem Desktop auf **Eigene Dateien**.

2. Klicke in der Menüleiste auf **Datei**.
   Eine Liste erscheint.

3. Gehe mit der Maus auf **Neu**. Es öffnet sich eine weitere Liste.

   Klicke dort auf **Ordner**.

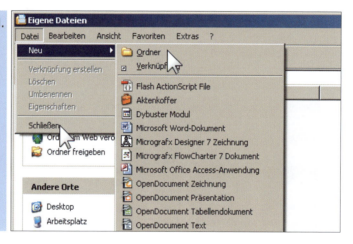

Eine kleine gelbe Tasche mit dem Namen **Neuer Ordner** erscheint.

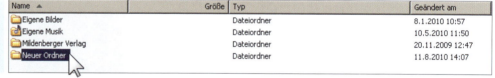

4. Diesem Ordner solltest du einen eigenen Namen geben.

   Klicke ihn dazu mit der rechten Maustaste an und wähle in der Liste den Eintrag **Umbenennen**.

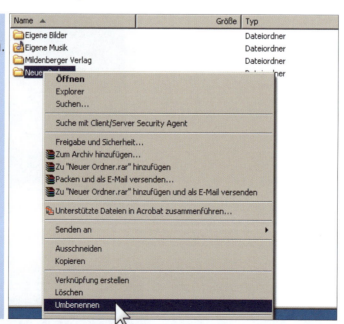

5. Schreibe nun mit der Tastatur einen Namen für den Ordner.

Am besten wählst du deinen eigenen Namen.

Tipp: Wenn ein anderes Kind genauso heißt wie du, dann schreibe auch deinen Nachnamen dazu.

➲ Kannst du die Geheimschrift lesen? Schreibe auf die Linien unten, was in dem blauen Ordner steht.

Ein Ordner im Computer ist wie ein Aktenordner im Schrank, in dem du deine Arbeiten abheften kannst.

➲ In diesem Rätsel haben sich sechs Fachbegriffe aus dem Kapitel versteckt.
Markiere sie und schreibe sie auf die Linien.

A	C	V	D	A	T	E	I	K	I	I
V	M	Ö	U	J	Y	Ö	J	S	D	Ö
M	A	U	S	T	A	S	T	E	X	B
V	L	D	T	A	S	T	A	T	U	R
V	E	R	Z	E	I	C	H	N	I	S
D	I	E	K	C	L	N	L	Ä	Ö	P
K	G	G	C	O	M	P	U	T	E	R
O	R	D	N	E	R	X	P	P	Y	M

_____

_____

_____

_____

_____

_____

Das hast du gelernt:

- einen Ordner anlegen
- einen Ordner umbenennen

Kapitel 6

Mit dem Computer schreiben (2)

Mit dem Computer schreiben (2)

Schriftarten

➡ Schau dir die Wörter auf dem Zettel rechts genau an. Worin unterscheiden sie sich?

☐ Farbe   ☐ Größe

☐ Schriftart   ☐ Sprache

Auch mit dem Computer kannst du in vielen verschiedenen Schriften schreiben.

1. Öffne dein Schreibprogramm mit einem Doppelklick. oder

2. Öffne die Liste für die Schriftarten, indem du auf dieses kleine **Dreieck** klickst:

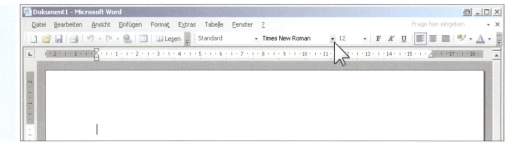

Es öffnet sich eine lange Liste.

3. Wähle darin eine **Schriftart** aus (hier: Arial).

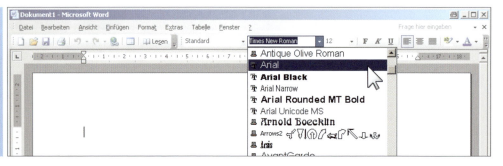

Das Ergebnis, zum Beispiel für das Wort **schreiben,** sieht dann so aus:

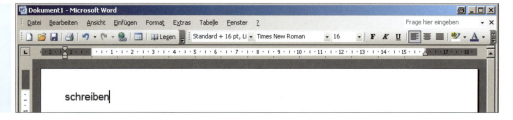

4. Probiere verschiedene Schriften aus.

Schriftgröße

Manchmal brauchst du eine kleinere oder größere Schrift.
Auch das kannst du einfach ändern.

1. Öffne die Liste für die Schriftgröße indem du auf dieses kleine **Dreieck** klickst:

2. Wähle nun Schriftgröße **24**.

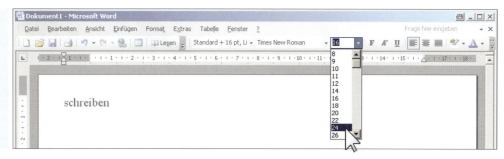

So sieht der Unterschied aus:

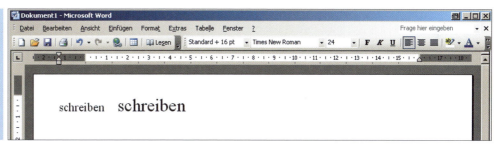

3. Probiere verschiedene Schriftgrößen aus.

4. Weißt du noch, wie du das Schreibprogramm beendest?

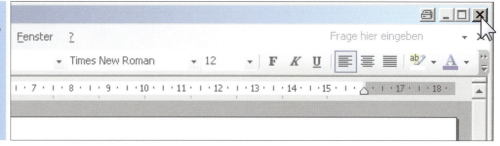

➡ Schau in deinem Schreibprogramm nach, welche Zahl für die kleinste Schriftgröße steht und welche für die größte.

Kleinste Schrift: _____

Größte Schrift: _____

Eine Geschichte aufschreiben

– Schäferhund Vito –
– neugierig zuschauen –
– ein Backblech holen –
– nicht aufpassen –
– Hund den Teig auffressen –
– lachen –

➲ Schreibe auf die Linien eine kleine Geschichte zu dem Bild.
Die Stichpunkte oben helfen dir dabei.
Denke auch an eine Überschrift.

_____

Fabio will Plätzchen backen.

_____
_____
_____
_____
_____
_____
_____
_____

➲ Öffne nun dein Schreibprogramm und schreibe deine
Geschichte darin auf.
Suche dir eine Schrift und die Schriftgröße dazu aus.
Denke auch an große und kleine Buchstaben.

Achtung: Wenn unter einem Wort eine rote Wellenlinie erscheint, hast du etwas falsch geschrieben.

Deine Geschichte speichern

Um deine Geschichte in deinem Ordner aufzuheben, musst du sie dort abspeichern. Dann kannst du sie immer wieder lesen und verändern.

1. Klicke dazu in deinem Schreibprogramm auf **Datei**

2. … und dann auf **Speichern unter**.

3. Dein Programm schlägt dir den Ordner **Eigene Dateien** vor.

   Darin befindet sich der Ordner mit deinem Namen, den du in Kapitel 5 angelegt hast.

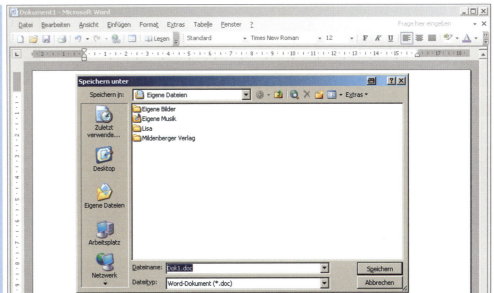

4. Klicke nun doppelt auf den Ordner mit deinem Namen.

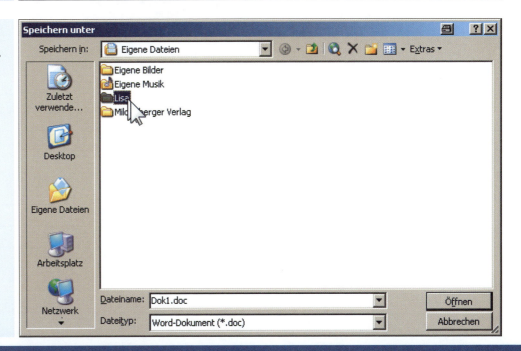

5. Nun musst du deiner Datei noch einen Namen geben.

   Schreibe dazu in das Feld rechts neben **Dateiname**. Nenne die Datei z. B. **Plätzchen backen**.

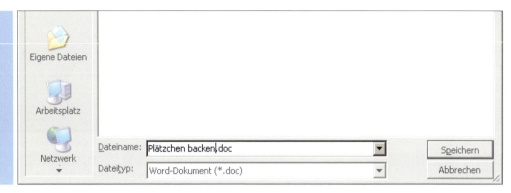

6. Klicke jetzt auf **Speichern**.

   Deine Geschichte ist nun in deinem Ordner gespeichert.

➔ Deine Datei ist jetzt gespeichert. Du findest sie in dem Ordner mit deinem Namen, der sich wiederum im Ordner **Eigene Dateien** befindet.

Das Speichern geht auch schneller:

1. Klicke auf die Schaltfläche **Speichern** 💾

2. … und schon schlägt dir das Programm wieder den Ordner **Eigene Dateien** vor.

3. Klicke nun wieder deinen Ordner an und gib der Datei den Namen **Plätzchen backen**.

4. Klicke wieder auf **Speichern**.

→ Kannst du die Geheimschrift lesen?

Schrittart	_____	Schaltfläche	_____
Schriftgröße	_____	Schreibprogramm	_____
Datei	_____	anklicken	_____
speichern	_____	auftun	_____
Dateiname	_____	Ordner	_____

Deine Datei öffnen

Du möchtest deine Datei wieder anschauen oder etwas ändern? Dazu musst du sie suchen und wieder öffnen.

Hier lernst du, wie es geht.

1. Klicke auf **Start**.
   Du findest diese Schaltfläche links unten in der Ecke.

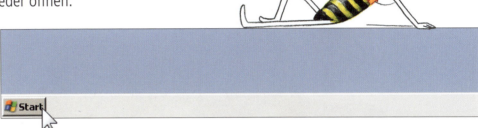

2. Gehe auf **Dokumente ▶ Eigene Dateien** oder direkt auf **Eigene Dateien**.
   Klicke danach in den Ordner mit deinem Namen.

3. Klicke darin doppelt auf deine Datei **Plätzchen backen**.

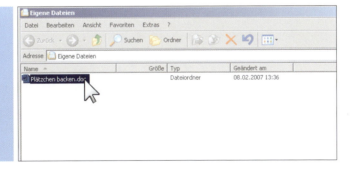

Wenn du den Ordner **Eigene Dateien** als Icon auf dem Desktop hast, geht es einfacher:

Klicke einfach doppelt auf den Ordner **Eigene Dateien** und dann auf die Datei **Plätzchen backen**.

➲ Was denkt Vito wohl, nachdem er den Teig aufgefressen hat?
Male gelb aus, was zur Geschichte passen könnte
und streiche rot durch, was nicht passt.

Das war lecker!

Jetzt bin ich satt und müde!

Schnell, lass uns Gassi gehen!

Das hast du gelernt:

- eine Schriftart aussuchen
- die Schriftgröße ändern
- eine eigene Geschichte aufschreiben
- die Geschichte (Datei) speichern
- die Geschichte (Datei) wieder aufrufen

Kapitel 7
Mit dem Computer Bilder einfügen

Mit dem Computer Bilder einfügen

Einer Geschichte, die du mit dem Computer geschrieben hast, kannst du ein Bild hinzufügen. Hier lernst du, wie es geht.

Schau nach, wie dein Schreibprogramm heißt.
Wenn du **Microsoft Word** hast, kannst du hier weitermachen.

Wenn du mit dem **Open Office Writer** arbeitest, gehe bitte zwei Seiten weiter.

Word

1. Öffne die Datei **Glück im Unglück** wie du es gelernt hast.

   Deine Lehrerin/dein Lehrer hat sie für dich auf dem Desktop abgespeichert.

2. Klicke an die Stelle, an der du das Bild einfügen möchtest.

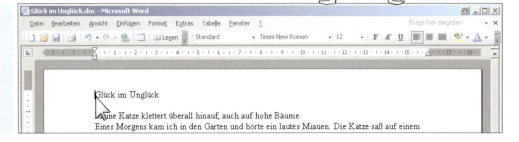

3. Klicke auf **Einfügen**. Eine Liste öffnet sich.

4. Bewege deinen Mauszeiger auf **Grafik.**

   Eine weitere Liste öffnet sich. Klicke darin auf **ClipArt**.

5. Nun kannst du rechts einen Suchbegriff eingeben.

   Schreibe in das Feld unter **Suchen nach** was du suchst (hier: **Tier**) und klicke auf **OK**.

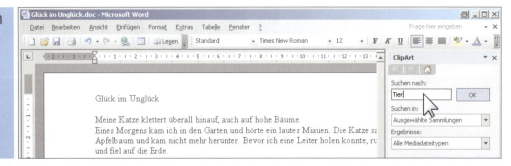

6. Deine Ergebnisse erscheinen rechts in einem Fenster.

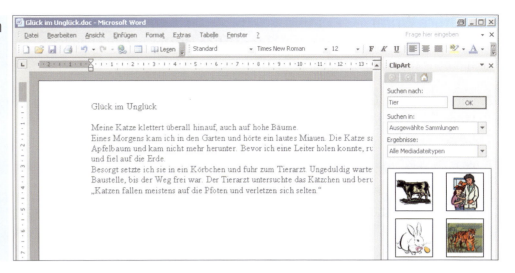

7. Suche dir ein Bild aus, das zu deiner Geschichte passt und klicke darauf.

   Schon ist es in deinen Text eingefügt.

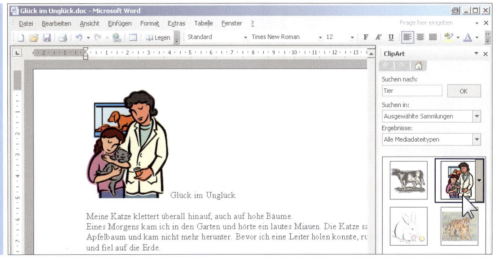

8. Wenn du dieses Zeichen 🔲 in deiner Symbolleiste findest, kannst du auch darauf klicken, um die Bildergalerie zu öffnen.

9. Vergiss nicht deine Datei zu speichern, bevor du das Programm beendest.

   Klicke dazu auf die Schaltfläche **Speichern** 🔲.

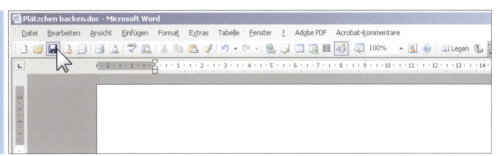

OpenOffice Writer

Wenn du deine Geschichte mit dem **OpenOffice Writer** geschrieben hast, dann mache hier weiter.

1. Öffne die Datei **Glück im Unglück**, wie du es gelernt hast.

    Deine Lehrerin/dein Lehrer hat sie für dich auf dem Desktop abgespeichert.

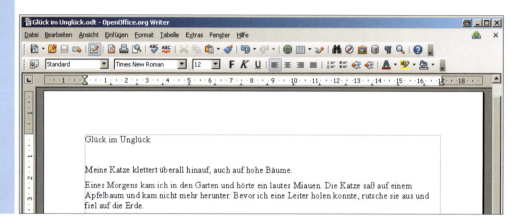

2. Klicke auf die Schaltfläche **Gallery**. Sie sieht aus wie ein kleines Bild.

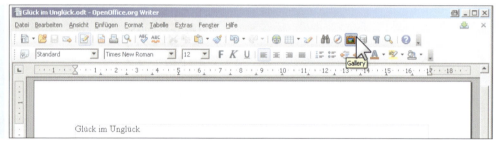

Es öffnet sich eine Liste.

3. Klicke dort auf den Begriff **Homepage**.

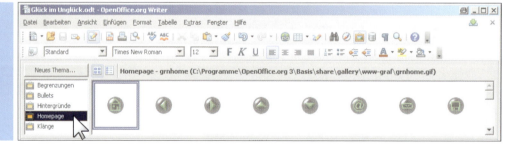

4. Klicke rechts so lange auf das Kästchen mit dem kleinen Dreieck, bis du den **Bauarbeiter** findest.

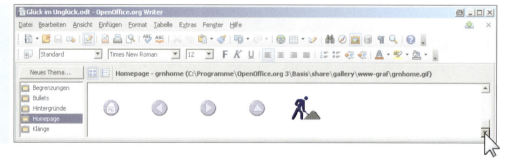

5. Klicke auf den Bauarbeiter und ziehe ihn mit gedrückter linker Maustaste auf dein Schreibblatt.

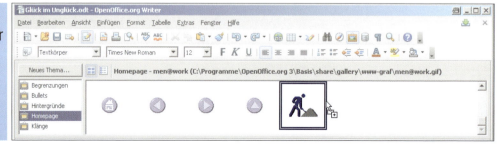

6. Setze ihn z. B. unter deiner Geschichte ab.

   Das Bild ist eingefügt.

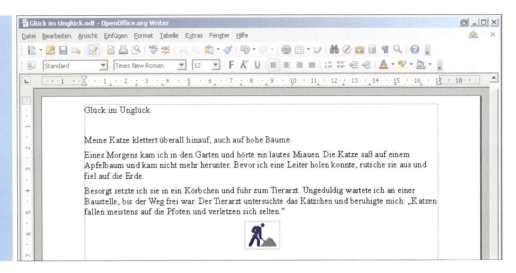

7. Vergiss nicht, deine Datei zu speichern. Klicke dazu auf die Schaltfläche **Speichern**.

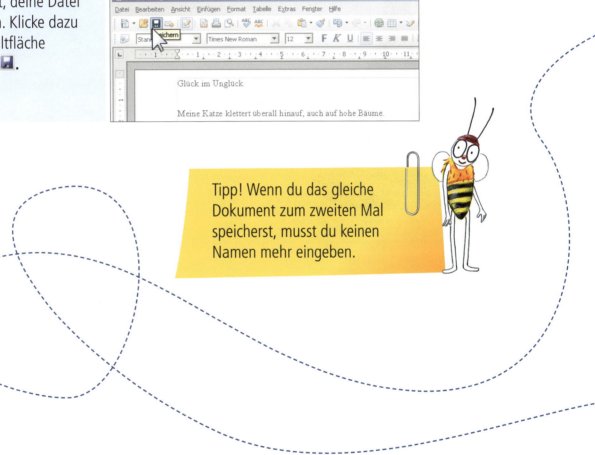

Tipp! Wenn du das gleiche Dokument zum zweiten Mal speicherst, musst du keinen Namen mehr eingeben.

➡ Male alle Wörter bunt an, die zum Wortfeld **Bild** gehören.

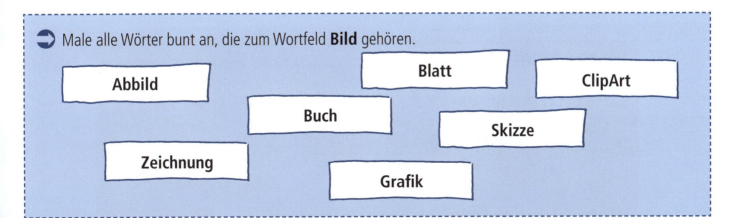

Abbild Blatt ClipArt Buch Skizze Zeichnung Grafik

➡ Schau dir die Bilder genau an.
Das rechte Bild wurde verändert.
Was wurde gemacht? Kreuze an:

☐ Die Größe wurde geändert.

☐ Die Grafik steht auf dem Kopf.

☐ Aus Farbe wurde Schwarz-Weiß.

☐ Die Grafik wurde gespiegelt.

Das hast du gelernt:

- eine Grafik (ein Bild) aussuchen
- eine Grafik (ein Bild) in deine Geschichte einfügen
- die geänderte Geschichte speichern

Kapitel 8

Mit dem Computer spielen (2)

Mit dem Computer spielen (2)

Zuordnungsspiel

Mit dem Computer kannst du auch Wissensspiele machen.
Du kannst also spielen und gleichzeitig lernen.

1. Klicke doppelt auf das Spiel **Sinne.htm** auf deinem Desktop.

   Deine Lehrerin/dein Lehrer hat es für die auf dem Desktop gespeichert.

2. Das Spiel öffnet sich.

   Links siehst du Bilder von Sinnesorganen, rechts Kärtchen mit Verben.

3. Bewege den Mauszeiger über die Verben. Sobald er sich in ein Kreuz ✥ verwandelt, kannst du das Kärtchen mit gedrückter linker Maustaste verschieben.

4. Ziehe das Kästchen neben das passende Bild und lass die Maustaste los.

   Dieses Ziehen und Fallenlassen nennt man **Drag&Drop**.

   Mache weiter, bis alle Kärtchen zugeordnet sind.

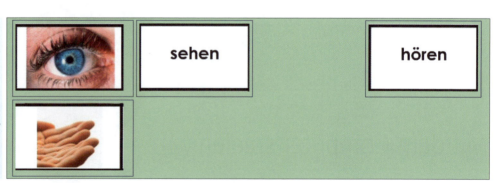

5. Klicke dann auf **Prüfen**.

   Ist dein Ergebnis 100%, hast du alles richtig gemacht.

6. Klicke jetzt auf **OK**

7. … und dann auf das  oben rechts, um das Spiel zu beenden.

➲ Kannst du die Sätze ergänzen?
Wähle jeweils den richtigen Begriff in den Klammern.

Mit gedrückter linker Maustaste kann ich die Kärtchen auf der rechten Seite _____ (durchstreichen, verschieben). Ich kann die Kärtchen verschieben, wenn sich der Mauszeiger in _____ (einen Pfeil, ein Kreuz) verwandelt. Ich lasse das Kärtchen beim richtigen _____ (Bild, Zeitpunkt) los. Wenn ich auf Prüfen klicke, kann ich _____ (mein Ergebnis, meine Note) ablesen. Um das Spiel _____ (zu beginnen, zu beenden) klicke ich auf das .

PC-Quiz

Auch ein Quiz kannst du mit dem Computer spielen.
Hier erfährst du, wie es geht.

1. Klicke doppelt auf das Symbol **PC-Quiz.htm** auf deinem Desktop. oder

2. Die erste Quizfrage mit drei möglichen Antworten erscheint.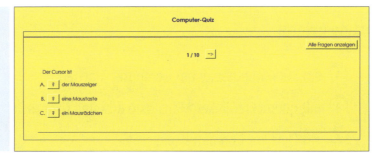

3. Lies alles aufmerksam durch und klicke dann auf deine Antwort.

   Wenn du richtig gewählt hast, wird aus dem Fragezeichen ein **r** für **richtig**.

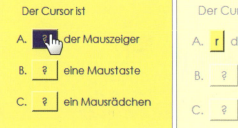 

4. Klicke auf **OK** und danach auf den **Pfeil** für weiter.

   Beantworte so alle Fragen.

5. Nach zehn Fragen erscheint dein Ergebnis.

   Ist es 100%, hast du alles richtig beantwortet.

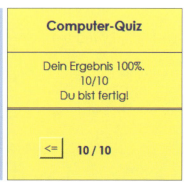

6. Klicke auf , um das Quiz zu beenden.

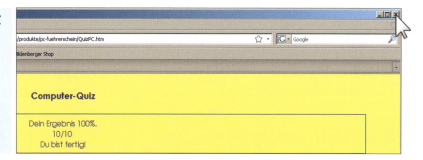

➲ Spielt das Quiz um die Wette.
Wer beantwortet schneller alle Fragen richtig und wird Klassensieger?
Dazu könnt ihr die Zeit stoppen.

Das hast du gelernt:

- ein Zuordnungsspiel am Computer machen
- mit gedrückter linker Maustaste arbeiten (Drag&Drop)
- ein Quiz am Computer spielen

Kapitel 9

Fachbegriffe

Fachbegriffe

ClipArt	Grafik oder Bild, zum Einfügen z. B. in Texte oder Geschichten	
Computer	Rechner, Maschine zur Datenverarbeitung	
Cursor	Mauszeiger, erscheint mal als blinkender Strich, als Pfeil, als Kreuz oder als Hand	
Datei	Sammlung von Daten als Text oder Bild	
Desktop	Eingangsbildschirm, erscheint, sobald der Computer hochgefahren ist	
Doppelklick	mit der linken Maustaste zweimal kurz hintereinander klicken	
Drag&Drop	ein Bild mit gedrückter linker Maustaste aufnehmen und an anderer Stelle absetzen	
Drucker	Gerät zum Ausdrucken von Dateien (Texten oder Bildern)	
Icon	Symbol auf dem Desktop, dahinter verbergen sich z. B. Programme oder Dateien	Eigene Dateien
Leertaste	lange Taste, erzeugt einen Zwischenraum zwischen Buchstaben oder Wörtern	

Maus	Eingabegerät, gibt dem Computer Befehle
Memo-Spiel	Spiel, bei dem gleiche Kärtchen gefunden werden müssen
Monitor	Anzeigegerät des Computers
OpenOffice Writer	Schreibprogramm
Ordner	Zur Aufbewahrung für Dateien im Computer
Paint	Malprogramm
Puzzle	Spiel, bei dem man verschiedene Stücke zu einem Ganzen zusammenfügen muss
Scanner	Gerät, das Bilder und Texte auf Papier lesen und sie auf dem Bildschirm des Computers wiedergeben kann
Tastatur	Gerät zur Eingabe von Buchstaben, Ziffern usw.
Windows	Betriebssystem, durch das der Computer arbeitet
Word	Schreibprogramm

➡ Bastle dir dein eigenes Memo-Spiel und übe die Fachbegriffe mit einem oder mehreren Partnern.

➡ Kopiere dazu diese Seite 5-mal. Schneide dann die Kästchen aus und beschrifte sie einmal mit dem Fachbegriff und einmal mit der dazugehörigen Erklärung.